Edict du Roy

SVR LA CREATION ET

ESTABLISSEMENT EN LA VILLE

de Rouen, d'vne place commune pour les Marchans, à la similitude & semblance du
change de Lyon, &
bourse de Thou-
louze.

Auec permission aux Marchans frequentans
ladite place, de s'assembler eslire & creer, vn
Prieur & deux Côsulz d'entre eux, pour cognoistre & iuger en premiere instance, des
proces & differés, côcernans le faict de Marchandise, trafficq, & commerce

Publié en Parlement à Rouen, le Mar-
dy, XX iour de Iuillet, Mil cinq
centz Soixante troys.

A ROVEN
Chez Martin le Mesgissier, Libraire & Imprimeur, te-
nant sa boutique au hault des degrez du Palais.

Auec Priuillege pour troys ans.

1563.

(8)

EDICT DV ROY

SVR LA CREATION ET

ESTABLISSEMENT EN LA VILLE

de Rouen, d'vne place cõmune pour les Marchãs, à la similitude & semblance du Change de Lyon, & Bourse de Thoulouze.

Enry par la grace de Dieu Roy de France, A tous presens & aduenir, Salut. Comme par cy deuant nous auons esté aduertis, que nostre bonne Cité & Ville de Rouen, estant l'vne des bonnes villes de nostre Royaume, pour la situation ou elle est, propre pour le com-

merce & trafficq, ou plusieurs Marchans de ce Royaume, & de plusieurs
autres natiós y trafficquent ordinaire-
ment Et pour continuer & augmenter
ledict trafficq, a esté puis n'agueres en
ça, en vertu de noz lettres missiues, crée
& estably en icelle Ville, vne place cómune pour les Marchans, pour en icelle eux & leurs facteurs se pouuoir assembler deux fois le iour, aux heures
accoustumees, & faire leurs traffiques,
entreprinses & negoces, comme l'on
faict au Change de Lyon & bourse de
Thoulouze, pour amener par deça les
riches marchandises des païs estran-
ges, & faire argent de celles qui crois-
sent en nostre Royaume.

SCAVOIR faisons, Que nous
desirans grandement l'augmentation
de nostredicte Ville de Rouen, & le
bien publicque, soulagement des mar-
chás traffiquás en icelle, & les accom-

moder

moder en tout ce q̃ sera poſſible, & q̃ ne
ſoiét diſtraictz de leurs affaires & nego
ces pourſuyuãs leurs proces, prouuenãs
dudict trafficq, en diuerſes iuriſdictiós.

A V O N S, par l'aduis & delibera-
tion des gens de noſtre conſeil priué,
auquel eſtoyent pluſieurs Seigneurs &
Princes de noſtre ſang, & autres grans
& notables perſonnages. Et de noſtre
propre mouuement, certaine ſcience,
pleine puiſſance & auctorité Royal,
approuué & confirmé, approuuons &
confirmós le deſſeing & creation faite
de ladite place cómune audict Rouen.
Laquelle place creons & eſtabliſſons à
l'inſtar, ſemblãce & ſimilitude dudict
cháge de Lyõ, & bourſe de Thoulouſe.

V O V L O N S, ordonnons, & nous
plaiſt, Tous marchãs & facteurs & autres de toutes natiós, ſe pouuoir aſſem-
bler en icelle place deux fois le iour,
aux heures acouſtumees Et qu'ils puiſ-

A iij

sent traffiquer & enfemble conuenir
de leurs affaires & negoces. Et prendre
& bailler argent à chãge & à deppofi-
te, tãt en icelle place que ailleurs, en ladicte Ville & baillie de Rouen, tous les
iours & toutes les fois que bon leur sẽ-
blera, auecques la feureté de leur tra-
ficq, & auecques femblables priuileges
& libertez dont les marchans trafficq-
quans en nofdictes Villes de Lyon &
Thoulouze, iouiffent & vfent par o-
ctroy de nos predeceffeurs Roys, &
par nous.

ET OVLTRE, voulons & or-
donnons, que les Marchãs d'icelle ville de Rouen, frequentãs ladicte place,
facent tous les ans affemblee & con-
gregation de Marchans en la loge de
ladicte place commune, ou ailleurs en
icelle ville ou bon leur femblera, en tel
iour qu'ilz aduiferont que bien foit.
En laquelle dicte affẽblee, feront effeuz

& creez

& creez vn Prieur & deux Consulz
d'entre eulx Marchās, muables & ele-
ctifz chascun an, en la forme ordinaire
qu'est en la pluralité des voix des esli-
zans, qui seront les Marchās demou-
rans en nostre ville de Rouen, & autres
estrāgers y estans lors que ladicte election se fera. Et apres icelle election &
creation faicte, lesdictz Prieur & Consulz cognoistront & pourront cognoistre & iuger en premiere instance entre
toutes gens de quelque estat, qualité ou
condition qu'ilz soyent, des proces &
differens, matieres & discordz concernans le faict de marchandise, trafficq
& commerce, ainsi que font le conseruateur des foyres de Lyon, & Prieur &
Consulz de Thoulouze, Tant par le
moyen des Obligations, Cedulles, Re-
cepissez, Blancz signez, lettres de change, Responses, Associations generales
ou particulieres, nominatiós & debtes,
asseu-

asseurances, cõptes, calcul d'iceux, trãs-
portz, pactes & societez, pour l'effect
susdict & ce qui en depend. Ainsi & selon les rigueurs & condemnations desdictz conseruateurs de Lyon, Prieur &
Consulz de Thoulouze. Et que les iugemens & sentences, appointemés & ordonnances, cõmissions & mandemés
desdictz Prieur & Consulz de Rouen,
Interlocutoires, prouisionnaux ou dif-
finitifz, ayent effect & force de chose
iugee, comme ceux desdictz conseruateur de Lyon, & Prieur & Consulz de
Thoulouze, & autres de noz iuges.
ET SERONT executees par noz
Huissiers ou Sergens, par la forme &
maniere que ceux des dessus nommez.
Et par cohertion de prison ou plus grãs
peines, inionctions & contrainctes, s'il
est dict & ordonné. Et à ceste fin seront
tenus nosditz Huissiers & Sergens faire les executions. Les Geolliers & gardes de

des de noz prisons, receuoir & garder
leurs prisonniers, comme ceux de nosditz iuges, Et auec pareille abstrinction
obligation & peine en cas d'euasion,
qu'ilz sont tenus de garder les empri-
sonnez, par auctorité de nosditz iuges.

AVSQVELS nosditz Huissiers,
Sergens, Geolliers, & gardes des prisons, l'auons ainsi enioinct & enioignons faire, sur les peines au cas requi-
ses, que voulons par lesditz Prieur &
Consulz sur eux estre declarees & le-
uees sans nul deport, ainsi que la ma-
tiere subiecte le requerra.

PLVS, auons permis & permettós
ausditz Prieur & Consulz, prédre auec
eux tel nombre desditz Marchans, soit
de vingt ou plusgrand nóbre, ou moin
dre, ainsi qu'ilz verront raisonnable,
pour proceder en leurs iugemeus en
faict de marchádise, Lettres de Change, asseurances & dependéces, & com-

me deſſus eſt dit. Et de faire executer
leurs ſentences, iugemens & ordonnances de garniſſemens & conſignation, prouiſions, ſaiſiſſemens de biens,
& tous leurs autres códemnations, ſentences ou appointemens, proceder &
faire proceder par criees & ſubhaſta-
tions & proclamations, ventes, inter-
poſitions de decret, deliurance & exe-
cution d'eux incluſiuemét, comme au
cas appartiendra.

SEMBLABLEMENT leur dó-
nós pouuoir d'inſtruire leſditz proces,
& proceder ſuyuant les ordonnances,
quant aux matieres ſommaires & pro-
uiſionnaires, comme recongnoiſſan-
ces de Cedulles, Reſcriptions, Lettres
de change, & pareils actes de garniſſe-
ment, & conſignation par vn ſeul de-
faut deuëment teſmoigné, par adiour-
nement faict à perſonne, à domicille,
ou par affiction de coppie des commiſ-
ſion

ſion & exploictz, és lieux ou il eſt permis ce faire. Et quant aux autres matieres par deux deffautz ou autrement ſó-
mairement, en obſeruant & gardant le
ſtille porté par les ordónăces Royaulx.
Et quắt ils auront és cas ou la cognoiſ-
ſance leur appartiendra donné iuge-
ment ou ſentence executoires.

VOVLONS & leur permettons,
comme deſſus eſt dit, les faire executer
par tout le reſſort de noſtre Court de
Parlemĕt dudict Rouen, & ailleurs en
noſtre Royaume ou beſoing ſera, ſans
ce que aucuns de noz Iuges, Iuſticiers,
ou Officiers les puiſſent, ou à leurs com
mis & deputez, donner empeſchemĕt
en aucune maniere, ne empeſcher que
tous adiournemens, exploictz & aſſi-
gnations ſe facent par deuant eux, & ſe
donnent eſdites matieres, dont la co-
gnoiſſance leur appartient, pour le
faict dudict trafficq, & dependences

deſſuſdites, côtre tous Marchans, traf-
fiquans en noſtredite ville de Rouen.
Et quant à leurs facteurs, negociateurs
& entremeteurs, de quelque qualité
qu'ils ſoient, par eux enuoyez en diuers
païs, contrees, regions & prouinces de-
dens & dehors noſtre Royaume, païs,
terres & ſieuries de noſtre obeiſſance,
pour le trafficq, commerce & negocia-
tion de toutes marchandiſes & dependences.

VOVLONS & ordonnons, qu'ils
puiſſent eſtre conuenus & mis en cauſe
& proces pour l'effect ſuſdict par deuãt
leſdictz Prieurs & Conſulz preſens &
aduenir, ſoit à fin de reddition de com-
pte, preſtation de reliqua, ſolution & ſa
tisfaction entiere, ou côdemnation de
telles peines, ou autres amédes ou condemnations, & de toutes autres choſes
à ce requiſes, regardans & concernans
le faict & trafficq de marchádiſe qu'ils
auront

auront meritee, dont leur auons permis & permettons vser, ainsi que les-
dicts conseruateur de Lyon, Prieur &
Consulz de Thoulouze, & noz autres
Iuges sõt. Et les faire executer par prin-
se, vente & saisie de biens, emprisonne-
mens de personnes des cõdamnez, ain
si qu'ilz verront bien estre. Sans que de
tous lesditz proces, leurs circõstãces &
depẽdẽces en premiere instãce aucuns
de noz iuges en puissent cognoistre.

LA cognoissance & iugemens de
tous lesquelz proces, circonstances &
dependences, leur auõs interdit & def-
fendu, interdisons & defendõs. Et noz
interdictions voulons leur estre signi-
fiees & à tous à qui il appartiendra, par
le premier de noz Huissiers ou Sergens
sur ce requis. Auquel mandons ainsi le
faire, affin d'obuier aux fraiz q̃ lesditz
Marchãs pourroient faire de poursuy-
ure leurs facteurs & entremeteurs par

B iij

deuant plusieurs Iuges.

OVLTRE, auons permis & permettons ausditz Prieur & Consulz, Quant aux amendes & peines pecuniaires selon l'exigéce des cas qu'ils adiugeront, les declarer appliquables, la moytié pour nous, & l'autre moytié pour ladite place cómune dudit Rouē, pour ayder & subuenir aux affaires d'icelle place.

ET pareillemét leur permettons de creer & constituer vn aduocat & procureur, qui procure en toutes pars le bien & entretenement de ladite place, la deffendre, & códuire leurs proces & affaires, le prouffit & vtilité d'icelle, tāt par deuant lesditz Prieur & Consuls, que par deuant tous autres Iuges. Et à ceste fin qu'ils se puissent assemblér, tāt pour cósulter de leurs affaires cómuns, que à faire ladite constitution d'aduocat & procureur, sans que chacune fois

ou beou besoin sera, soient subietz demander à nous ne à noz Iuges permission.

TOVS les iugemés desquels Prieur & Consulz selon les cas subietz seellés de leurs seelz, & signez de leur Greffier qui à ce commettront & deputeront, soit par prison, vente & exploictation de biens, ou autrement,

SERONT reaumét & de faict executees ainsi, & par la forme & maniere que dessus est dit, sans qu'il soit besoin obtenir nullement permission, placet, visa ou pareatis, iouxte & seló que par nostre tres-honnoré pere le Roy, que Dieu absolue, à esté permis aux Marchans de nostre ville de Lyon, par ses Lettres patentes donnees au moys de Feurier, L'an mil cinq cens trête cinq. Reseruans à nostre Court de Parlemét audict Rouen, immediatemét en dernier ressort, & par appel, la iurisdiction & congnoissance desdirs discords &

diffe-

differens. Et à fin que promptement
foient decidees & vuidees en noftredite Court, les appellations qui prouien-
dront des iugemens & fentéces qui feront donnees & declarees par lefditz
Prieur & Confulz,

AVONS ordonné & ordonnons,
enioignons & cómádons, à noz amez
& feaulx Prefidens & Confeillers, tenans noftredite Court de Parlemét, de
clarent fans dilation aufditz Marchãs,
vn iour de chacune fepmaine, tel qu'ils
aduiferót que bien foit, pour en iceluy
vuider par ordre de roole, qui fera fait à
part, lefdites appellations. Et pour le re
gard des procés par efcript, foit fait vn
autre roolle à part, à fin de en iceluy
iour vuyder lefdites appellations, pour
obuier à la longueur des proces, & à la
ruyne & confommation des pourfuy-
uans. Et à icelle fin que ladite place foit
paifible, & fans efcandale, deux foys le
iour

iour aux heures accouſtumees des aſ-
ſemblees des Marchans.

INHIBONS & deffendōs à tous
noz Huiſſiers & Sergens, d'entrer en
icelle place, ne en matieres ciuiles faire
nulle exploict & aſſignation à aucune
perſonne que ce ſoit, aux heures ſuſdi-
tes. Et ſi quelque aſſignation ou exploict y eſtoit faict auſdictes heures,
l'auons declaré & declarons deſlors cō
me à preſent de nulle valeur & effect.
Et faiſons inhibitiōs à tous noz iuges
de n'y auoir aucun eſgard. Et comme
ainſi ſommes aduertis, que le trafficq
des aſſeurances eſt puiſ-nagueres en ça
mis grādemēt en auāt, par les Marchās
dudict Rouen, negoce fort honorable,
& qui decore & anoblit grandement le
trafficq & commerce d'icelle ville, Et
que pour faire les polices d'icelles aſſeu
ran ces & dependences qui ſe y offrent,
NOVS auons permis & permettōs
C

aufdits Marchans frequentans ladite
place, prefens & aduenir, de fe pouuoir
affembler toutes les fois que befoin fera, Creer & eflire à la pluralité des voix
des eflizans, vn Marchand d'entre eux,
tel qu'ils verrót que bien foit, perfonne
fidele, expert & cognoiffant ledit trafficq d'affeuráces, Lequel fera & accor-
dera, & fera figner par les affeureuts
toutes & chacunes les polices d'affeurances, qui fe y feront doref-enauát en
ladite place, Ville & baillie de Rouen,
tout le temps qu'il plaira aufdits Marchans. Et dreffera les cóptes des groffes
auaries, quant ilz aduiendront, parties
appellees. Et aura pour fes peines & va-
cations defdites affaires d'affeurance,
ce que leur fera ordóné par iceux Mar-
chás. Et fera tenu & fubiet de tenir bon
& vray regiftre d'icelles affeuráces. Auquel regiftre & aux coppies ou extraits
d'iceluy, & autres actes du faict d'icelles

les asseurãces par luy signees, Voulons
& ordonnons foy estre adioustee deuant tous Iuges & autres qu'il appartiendra, Et sans que nulle autre person-
ne ou personnes, se puissent immiscuer
ausdits affaires d'asseurances & dependences, s'il n'est premier & auant creé,
esleu, receu & admis à ce faire par lesditz Prieur & Cõsulz, & par iceux ditz
Marchans comme dit est.

SI DONNONS en mandemẽt
aux gens tenans nos Cours de Parlement, grant Conseil, Admiraulx, Vis-
admiraulx, Baillifz, Seneschaux, & à
leurs Lieutenans, & à tous noz autres
iuges & officiers, si comme à luy appartiendra, Que noz presens vouloir, de-
claration, permission & ordonnance,
vous faites lire, publier & enregistrer,
entretenir, obseruer & garder par tous
ceux & ainsi qu'il appartiẽdra: De l'effect force & vertu d'iceluy, lesdits mar-

chans ioüir & vfer pleinement & paifi-
blemēt, fans nullemēt aller au cōtraire.
 EN OVLTRE, enioignons à no
ſtre procureur general en toute diligen
ce pourſuyure la verification & enterinement de ces preſentes, & nous cer-
tifier de la diligence que aura faiĉte,
Car tel eſt noſtre plaiſir, & de noſditz
certaine ſcience & puiſſāce que deſſus,
ainſi voulōs eſtre fait, Nonobſtāt quel-
conques ordonnances, ediĉtz, couſtu-
mes, ſtatutz, priuileges, mandemés, de-
fenſes, & lettres à ce contraires. Auſqͫl-
lés en ce cas, & ſans preiudice d'icelles
en aultres choſes, nous auōs deſrogué
& deſrogeons. Et pource q̄ de ceſdites
preſéres l'on pourra auoir affaire en diuers lieux, Voulōs q̄ au vidim⁹ d'icelles
faiĉt par l'vn de noz amez & feaux no-
taires & ſecretaires ou, ſoubs ſeel Royal,
foy ſoit adiouſtee, cōme au propre ori-
ginal. De ce faire vo⁹ dōnons plein pou
uoir

uoir, auctorité, cõmiſſion & mãdemẽt
ſpecial, par ces preſétes: mãdõs & cõmã
dõs à to⁹ noz iuſticiers, officiers & ſub-
ietz, q̃ à vous en ce faiſant ſoit obey. Et
affin q̃ ce ſoit choſe ferme & éſtable à
touſiours, nous auõs faict mettre noſtre
Seel á ceſdites p̃ſétes, ſauf en autres cho
ſes noſtre droict, & l'autruy en toutes.

*Donné à Paris ou moys de Mars, L'an de
grace Mil cinq cens Cinquãte ſix, Et de no-
ſtre regne le X. Et ſur le reply eſtoit eſcript
Par le Roy en ſon Conſeil. Et au deſſoubz
Signé   Bourdin, vn paraphe.
Et au bout dudit reply, Viſa,   vn paraphe.*

Et ſeelé en las de ſoye rouge & verd
ſur Cyre verd.

Lecta, publicata & regiſtrata, audito Procuratore
generali Regis, prout in regiſtro continetur.
Rothomagi, in parlamento. xx. die Iulij. Anno do-
mini Milleſimo quingenteſimo LXIII.
Signé   Le Seigneur.

EXTRAICT DES
REGISTRES DE LA
Cour de Parlement.

EVES par la Court les Lettres patentes du Roy Henry en forme de Chartre & edict, dónees à Paris ou moys de Mars, mil cinq cens cinquante six, contenátes erection & creation d'vne place commune en ceste ville de Rouen pour les marchans: Pour en icelle eulx & leurs facteurs se pouuoir assembler deux soys le iour, aux heures accoustumees, & faire leurs traffiques & negoces, comme il se faict au change de Lyon, & bourse de Thoulouse, eux congreger & assembler tous les ans en ladite place commune ou ailleurs, pour eslire vng Prieur & deux Consulz d'entre eux, muables par chacun an, pour congnoistre & iuger des choses mentionnees esdites lettres patentes, auec les priuileges & libertez amplement contenues en icelles requestes presentees à ladite Cour de la part des Bourgeoys, Marchans, manás & habitans de ceste ville de Rouen, pour eulx & les autres Marchans frequentans & trafficquans en icelle pour le faict de marchandise, Aux fins de la
verifi-

verification, enterinement & publication defdites
lettres patentes, Il eft dict que fans preiudice des
oppofitions formees contre la publication defdites
lettres patentes de Chartre & edict, elles feront
leuës, publiees & enregiftrees, Par ce que les Marchans qui ferôt efleuz fuyuãt icelles, pour auoir les
charges de Prieur, Confulz & Greffier, feront origi
naires de ce Royaume, ou naturalifez & mariez en
iceluy, Et que l'election d'iceux fe fera par deuãt
deux Commiffaires de ladite Cour qui a ce faire
feront par elle commis & deputez par deuant lef-
quelz lefdictz Prieur, Confulz & Greffier feront
& prefteront le ferment requis & neceffaire pour
l'exercice defdites charges, & que les regiftres tant
du Greffe que des pollices & affeurances, demou-
reront en ceftedite ville de Rouen en certain lieu
public, qui pour ce fera aduifé & ordonné.

 Prononcé à Rouen, en la Cour de Parlement,
le vingtiefme iour de Iuillet, Mil cinq cens foixante troys.
  Signé DE CROISMARE,

  Lecture & publication du contenu cy deffus
à efté faicte à fon de trõpe & cry public, par les
Carfours & lieux accouftumez à faire criees &
proclamations en cefte ville de Rouen, par moy
Loys Marc, Huiffier en la Cour de Parlement,
le Vendredy penultime iour de Iuillet, Mil cinq
cens foixante troys, prefence de Pierre Bataille
trompette ordinaire, & plufieurs autres.
  Signé MARC, vn paraphe.

EXTRAICT DV
PRIVILEGE.

L est permis à *Martin le mesgißier* Libraire *& Imprimeur en ceste ville de Rouen, de imprimer ou fai-* re imprimer *l'Edict du Roy, sur la creation & establißemĕt en la ville de Rouen, d'vne place commune pour les Marchans, à la si-* militude *& semblance du change de Lyon, & bourse de Thoulouze. Et deffenses sont faictes à tous autres Imprimeurs & Librai-* res de ce ressort, *d'en imprimer ou faire im-* primer iusques *à troys ans, sur peine de cŏfi-* scation *d'iceux, & d'amende arbitraire. Donné en Parlement à Rouen, le X X. iour de Iuillet, Mil cinq cens Soixante troys.*

9 782329 262376